AF477282

Questa agenda appartiene a:

____

____

____

____

____

____

CALENDARIO

	Gennaio	Febbraio	Marzo	Aprile	Maggio	Giugno
1	Mer	Sab	Dom	Mer	Ven	Lun
2	Gio	Dom	Lun	Gio	Sab	Mar
3	Ven	Lun	Mar	Ven	Dom	Mer
4	Sab	Mar	Mer	Sab	Lun	Gio
5	Dom	Mer	Gio	Dom	Mar	Ven
6	Lun	Gio	Ven	Lun	Mer	Sab
7	Mar	Ven	Sab	Mar	Gio	Dom
8	Mer	Sab	Dom	Mer	Ven	Lun
9	Gio	Dom	Lun	Gio	Sab	Mar
10	Ven	Lun	Mar	Ven	Dom	Mer
11	Sab	Mar	Mer	Sab	Lun	Gio
12	Dom	Mer	Gio	Dom	Mar	Ven
13	Lun	Gio	Ven	Lun	Mer	Sab
14	Mar	Ven	Sab	Mar	Gio	Dom
15	Mer	Sab	Dom	Mer	Ven	Lun
16	Gio	Dom	Lun	Gio	Sab	Mar
17	Ven	Lun	Mar	Ven	Dom	Mer
18	Sab	Mar	Mer	Sab	Lun	Gio
19	Dom	Mer	Gio	Dom	Mar	Ven
20	Lun	Gio	Ven	Lun	Mer	Sab
21	Mar	Ven	Sab	Mar	Gio	Dom
22	Mer	Sab	Dom	Mer	Ven	Lun
23	Gio	Dom	Lun	Gio	Sab	Mar
24	Ven	Lun	Mar	Ven	Dom	Mer
25	Sab	Mar	Mer	Sab	Lun	Gio
26	Dom	Mer	Gio	Dom	Mar	Ven
27	Lun	Gio	Ven	Lun	Mer	Sab
28	Mar	Ven	Sab	Mar	Gio	Dom
29	Mer	Sab	Dom	Mer	Ven	Lun
30	Gio		Lun	Gio	Sab	Mar
31	Ven		Mar		Dom	

2020

Luglio	Agosto	Settembre	Ottobre	Novembre	Dicembre	
Mer	Sab	Mar	Gio	Dom	Mar	1
Gio	Dom	Mer	Ven	Lun	Mer	2
Ven	Lun	Gio	Sab	Mar	Gio	3
Sab	Mar	Ven	Dom	Mer	Ven	4
Dom	Mer	Sab	Lun	Gio	Sab	5
Lun	Gio	Dom	Mar	Ven	Dom	6
Mar	Ven	Lun	Mer	Sab	Lun	7
Mer	Sab	Mar	Gio	Dom	Mar	8
Gio	Dom	Mer	Ven	Lun	Mer	9
Ven	Lun	Gio	Sab	Mar	Gio	10
Sab	Mar	Ven	Dom	Mer	Ven	11
Dom	Mer	Sab	Lun	Gio	Sab	12
Lun	Gio	Dom	Mar	Ven	Dom	13
Mar	Ven	Lun	Mer	Sab	Lun	14
Mer	Sab	Mar	Gio	Dom	Mar	15
Gio	Dom	Mer	Ven	Lun	Mer	16
Ven	Lun	Gio	Sab	Mar	Gio	17
Sab	Mar	Ven	Dom	Mer	Ven	18
Dom	Mer	Sab	Lun	Gio	Sab	19
Lun	Gio	Dom	Mar	Ven	Dom	20
Mar	Ven	Lun	Mer	Sab	Lun	21
Mer	Sab	Mar	Gio	Dom	Mar	22
Gio	Dom	Mer	Ven	Lun	Mer	23
Ven	Lun	Gio	Sab	Mar	Gio	24
Sab	Mar	Ven	Dom	Mer	Ven	25
Dom	Mer	Sab	Lun	Gio	Sab	26
Lun	Gio	Dom	Mar	Ven	Dom	27
Mar	Ven	Lun	Mer	Sab	Lun	28
Mer	Sab	Mar	Gio	Dom	Mar	29
Gio	Dom	Mer	Ven	Lun	Mer	30
Ven	Lun		Sab		Gio	31

CALENDARIO

	Gennaio	Febbraio	Marzo	Aprile	Maggio	Giugno
1	Ven	Lun	Lun	Gio	Sab	Mar
2	Sab	Mar	Mar	Ven	Dom	Mer
3	Dom	Mer	Mer	Sab	Lun	Gio
4	Lun	Gio	Gio	Dom	Mar	Ven
5	Mar	Ven	Ven	Lun	Mer	Sab
6	Mer	Sab	Sab	Mar	Gio	Dom
7	Gio	Dom	Dom	Mer	Ven	Lun
8	Ven	Lun	Lun	Gio	Sab	Mar
9	Sab	Mar	Mar	Ven	Dom	Mer
10	Dom	Mer	Mer	Sab	Lun	Gio
11	Lun	Gio	Gio	Dom	Mar	Ven
12	Mar	Ven	Ven	Lun	Mer	Sab
13	Mer	Sab	Sab	Mar	Gio	Dom
14	Gio	Dom	Dom	Mer	Ven	Lun
15	Ven	Lun	Lun	Gio	Sab	Mar
16	Sab	Mar	Mar	Ven	Dom	Mer
17	Dom	Mer	Mer	Sab	Lun	Gio
18	Lun	Gio	Gio	Dom	Mar	Ven
19	Mar	Ven	Ven	Lun	Mer	Sab
20	Mer	Sab	Sab	Mar	Gio	Dom
21	Gio	Dom	Dom	Mer	Ven	Lun
22	Ven	Lun	Lun	Gio	Sab	Mar
23	Sab	Mar	Mar	Ven	Dom	Mer
24	Dom	Mer	Mer	Sab	Lun	Gio
25	Lun	Gio	Gio	Dom	Mar	Ven
26	Mar	Ven	Ven	Lun	Mer	Sab
27	Mer	Sab	Sab	Mar	Gio	Dom
28	Gio	Dom	Dom	Mer	Ven	Lun
29	Ven		Lun	Gio	Sab	Mar
30	Sab		Mar	Ven	Dom	Mer
31	Dom		Mer		Lun	

2021

Luglio	Agosto	Settembre	Ottobre	Novembre	Dicembre	
Gio	Dom	Mer	Ven	Lun	Mer	1
Ven	Lun	Gio	Sab	Mar	Gio	2
Sab	Mar	Ven	Dom	Mer	Ven	3
Dom	Mer	Sab	Lun	Gio	Sab	4
Lun	Gio	Dom	Mar	Ven	Dom	5
Mar	Ven	Lun	Mer	Sab	Lun	6
Mer	Sab	Mar	Gio	Dom	Mar	7
Gio	Dom	Mer	Ven	Lun	Mer	8
Ven	Lun	Gio	Sab	Mar	Gio	9
Sab	Mar	Ven	Dom	Mer	Ven	10
Dom	Mer	Sab	Lun	Gio	Sab	11
Lun	Gio	Dom	Mar	Ven	Dom	12
Mar	Ven	Lun	Mer	Sab	Lun	13
Mer	Sab	Mar	Gio	Dom	Mar	14
Gio	Dom	Mer	Ven	Lun	Mer	15
Ven	Lun	Gio	Sab	Mar	Gio	16
Sab	Mar	Ven	Dom	Mer	Ven	17
Dom	Mer	Sab	Lun	Gio	Sab	18
Lun	Gio	Dom	Mar	Ven	Dom	19
Mar	Ven	Lun	Mer	Sab	Lun	20
Mer	Sab	Mar	Gio	Dom	Mar	21
Gio	Dom	Mer	Ven	Lun	Mer	22
Ven	Lun	Gio	Sab	Mar	Gio	23
Sab	Mar	Ven	Dom	Mer	Ven	24
Dom	Mer	Sab	Lun	Gio	Sab	25
Lun	Gio	Dom	Mar	Ven	Dom	26
Mar	Ven	Lun	Mer	Sab	Lun	27
Mer	Sab	Mar	Gio	Dom	Mar	28
Gio	Dom	Mer	Ven	Lun	Mer	29
Ven	Lun	Gio	Sab	Mar	Gio	30
Sab	Mar		Dom		Ven	31

29 LUNEDÌ	30 MARTEDÌ	1 MERCOLEDÌ	2 GIOVEDÌ
7	7	7	7
8	8	8	8
9	9	9	9
10	10	10	10
11	11	11	11
12	12	12	12
13	13	13	13
14	14	14	14
15	15	15	15
16	16	16	16
17	17	17	17
18	18	18	18
19	19	19	19
20	20	20	20
21	21	21	21

3 VENERDÌ	4 SABATO	5 DOMENICA
7	7	7
8	8	8
9	9	9
10	10	10
11	11	11
12	12	12
13	13	13
14	14	14
15	15	15
16	16	16
17	17	17
18	18	18
19	19	19
20	20	20
21	21	21

Note

Cose da fare

- ○
- ○
- ○
- ○
- ○
- ○
- ○
- ○
- ○
- ○
- ○
- ○
- ○
- ○

6 LUNEDÌ	7 MARTEDÌ	8 MERCOLEDÌ	9 GIOVEDÌ
7	7	7	7
8	8	8	8
9	9	9	9
10	10	10	10
11	11	11	11
12	12	12	12
13	13	13	13
14	14	14	14
15	15	15	15
16	16	16	16
17	17	17	17
18	18	18	18
19	19	19	19
20	20	20	20
21	21	21	21

LUGLIO 2020
Set. 28

10 VENERDÌ	11 SABATO	12 DOMENICA
7	7	7
8	8	8
9	9	9
10	10	10
11	11	11
12	12	12
13	13	13
14	14	14
15	15	15
16	16	16
17	17	17
18	18	18
19	19	19
20	20	20
21	21	21

Note

Cose da fare

13 LUNEDÌ

7
8
9
10
11
12
13
14
15
16
17
18
19
20
21

14 MARTEDÌ

7
8
9
10
11
12
13
14
15
16
17
18
19
20
21

15 MERCOLEDÌ

7
8
9
10
11
12
13
14
15
16
17
18
19
20
21

16 GIOVEDÌ

7
8
9
10
11
12
13
14
15
16
17
18
19
20
21

17 VENERDÌ

7
8
9
10
11
12
13
14
15
16
17
18
19
20
21

18 SABATO

7
8
9
10
11
12
13
14
15
16
17
18
19
20
21

19 DOMENICA

7
8
9
10
11
12
13
14
15
16
17
18
19
20
21

Note

Cose da fare

- ○
- ○
- ○
- ○
- ○
- ○
- ○
- ○
- ○
- ○
- ○
- ○
- ○
- ○

20 LUNEDÌ

7
8
9
10
11
12
13
14
15
16
17
18
19
20
21

21 MARTEDÌ

7
8
9
10
11
12
13
14
15
16
17
18
19
20
21

22 MERCOLEDÌ

7
8
9
10
11
12
13
14
15
16
17
18
19
20
21

23 GIOVEDÌ

7
8
9
10
11
12
13
14
15
16
17
18
19
20
21

24 VENERDÌ

7
8
9
10
11
12
13
14
15
16
17
18
19
20
21

25 SABATO

7
8
9
10
11
12
13
14
15
16
17
18
19
20
21

26 DOMENICA

7
8
9
10
11
12
13
14
15
16
17
18
19
20
21

Note

Cose da fare

- ○
- ○
- ○
- ○
- ○
- ○
- ○
- ○
- ○
- ○
- ○
- ○
- ○
- ○

27 LUNEDÌ	28 MARTEDÌ	29 MERCOLEDÌ	30 GIOVEDÌ
7	7	7	7
8	8	8	8
9	9	9	9
10	10	10	10
11	11	11	11
12	12	12	12
13	13	13	13
14	14	14	14
15	15	15	15
16	16	16	16
17	17	17	17
18	18	18	18
19	19	19	19
20	20	20	20
21	21	21	21

31 VENERDÌ

7
8
9
10
11
12
13
14
15
16
17
18
19
20
21

1 SABATO

7
8
9
10
11
12
13
14
15
16
17
18
19
20
21

2 DOMENICA

7
8
9
10
11
12
13
14
15
16
17
18
19
20
21

Note

Cose da fare

- ○
- ○
- ○
- ○
- ○
- ○
- ○
- ○
- ○
- ○
- ○
- ○
- ○
- ○

3 LUNEDÌ	4 MARTEDÌ	5 MERCOLEDÌ	6 GIOVEDÌ
7	7	7	7
8	8	8	8
9	9	9	9
10	10	10	10
11	11	11	11
12	12	12	12
13	13	13	13
14	14	14	14
15	15	15	15
16	16	16	16
17	17	17	17
18	18	18	18
19	19	19	19
20	20	20	20
21	21	21	21

7 VENERDÌ

7
8
9
10
11
12
13
14
15
16
17
18
19
20
21

8 SABATO

7
8
9
10
11
12
13
14
15
16
17
18
19
20
21

9 DOMENICA

7
8
9
10
11
12
13
14
15
16
17
18
19
20
21

Note

Cose da fare

- ○
- ○
- ○
- ○
- ○
- ○
- ○
- ○
- ○
- ○
- ○
- ○
- ○
- ○

10 LUNEDÌ	11 MARTEDÌ	12 MERCOLEDÌ	13 GIOVEDÌ
7	7	7	7
8	8	8	8
9	9	9	9
10	10	10	10
11	11	11	11
12	12	12	12
13	13	13	13
14	14	14	14
15	15	15	15
16	16	16	16
17	17	17	17
18	18	18	18
19	19	19	19
20	20	20	20
21	21	21	21

AGOSTO 2020
Set. 33

14 VENERDÌ	15 SABATO	16 DOMENICA
7	7	7
8	8	8
9	9	9
10	10	10
11	11	11
12	12	12
13	13	13
14	14	14
15	15	15
16	16	16
17	17	17
18	18	18
19	19	19
20	20	20
21	21	21

Note

Cose da fare

- ○
- ○
- ○
- ○
- ○
- ○
- ○
- ○
- ○
- ○
- ○
- ○
- ○
- ○

17 LUNEDÌ	18 MARTEDÌ	19 MERCOLEDÌ	20 GIOVEDÌ
7	7	7	7
8	8	8	8
9	9	9	9
10	10	10	10
11	11	11	11
12	12	12	12
13	13	13	13
14	14	14	14
15	15	15	15
16	16	16	16
17	17	17	17
18	18	18	18
19	19	19	19
20	20	20	20
21	21	21	21

AGOSTO 2020
Set. 34

21 VENERDÌ	22 SABATO	23 DOMENICA
7	7	7
8	8	8
9	9	9
10	10	10
11	11	11
12	12	12
13	13	13
14	14	14
15	15	15
16	16	16
17	17	17
18	18	18
19	19	19
20	20	20
21	21	21

Note

Cose da fare

- ○
- ○
- ○
- ○
- ○
- ○
- ○
- ○
- ○
- ○
- ○
- ○
- ○
- ○

24 LUNEDÌ

7

8

9

10

11

12

13

14

15

16

17

18

19

20

21

25 MARTEDÌ

7

8

9

10

11

12

13

14

15

16

17

18

19

20

21

26 MERCOLEDÌ

7

8

9

10

11

12

13

14

15

16

17

18

19

20

21

27 GIOVEDÌ

7

8

9

10

11

12

13

14

15

16

17

18

19

20

21

28 VENERDÌ	29 SABATO	30 DOMENICA
7	7	7
8	8	8
9	9	9
10	10	10
11	11	11
12	12	12
13	13	13
14	14	14
15	15	15
16	16	16
17	17	17
18	18	18
19	19	19
20	20	20
21	21	21

Note

Cose da fare

- ○
- ○
- ○
- ○
- ○
- ○
- ○
- ○
- ○
- ○
- ○
- ○
- ○
- ○

31 LUNEDÌ	1 MARTEDÌ	2 MERCOLEDÌ	3 GIOVEDÌ
7	7	7	7
8	8	8	8
9	9	9	9
10	10	10	10
11	11	11	11
12	12	12	12
13	13	13	13
14	14	14	14
15	15	15	15
16	16	16	16
17	17	17	17
18	18	18	18
19	19	19	19
20	20	20	20
21	21	21	21

4 VENERDÌ	5 SABATO		Note
7	7	7	
8	8	8	
9	9	9	
10	10	10	
11	11	11	
12	12	12	
13	13	13	
14	14	14	
15	15	15	Cose da fare
16	16	16	○
			○
17	17	17	○
			○
18	18	18	○
			○
19	19	19	○
			○
20	20	20	○
			○
21	21	21	○
			○
			○
			○

7 LUNEDÌ	8 MARTEDÌ	9 MERCOLEDÌ	10 GIOVEDÌ
7	7	7	7
8	8	8	8
9	9	9	9
10	10	10	10
11	11	11	11
12	12	12	12
13	13	13	13
14	14	14	14
15	15	15	15
16	16	16	16
17	17	17	17
18	18	18	18
19	19	19	19
20	20	20	20
21	21	21	21

11 VENERDÌ	12 SABATO	13 DOMENICA
7	7	7
8	8	8
9	9	9
10	10	10
11	11	11
12	12	12
13	13	13
14	14	14
15	15	15
16	16	16
17	17	17
18	18	18
19	19	19
20	20	20
21	21	21

Note

Cose da fare

- ○
- ○
- ○
- ○
- ○
- ○
- ○
- ○
- ○
- ○
- ○
- ○
- ○
- ○

14 LUNEDÌ	15 MARTEDÌ	16 MERCOLEDÌ	17 GIOVEDÌ
7	7	7	7
8	8	8	8
9	9	9	9
10	10	10	10
11	11	11	11
12	12	12	12
13	13	13	13
14	14	14	14
15	15	15	15
16	16	16	16
17	17	17	17
18	18	18	18
19	19	19	19
20	20	20	20
21	21	21	21

18 VENERDÌ	19 SABATO	20 DOMENICA
7	7	7
8	8	8
9	9	9
10	10	10
11	11	11
12	12	12
13	13	13
14	14	14
15	15	15
16	16	16
17	17	17
18	18	18
19	19	19
20	20	20
21	21	21

Note

Cose da fare

- ○
- ○
- ○
- ○
- ○
- ○
- ○
- ○
- ○
- ○
- ○
- ○
- ○
- ○

21 LUNEDÌ	22 MARTEDÌ	23 MERCOLEDÌ	24 GIOVEDÌ
7	7	7	7
8	8	8	8
9	9	9	9
10	10	10	10
11	11	11	11
12	12	12	12
13	13	13	13
14	14	14	14
15	15	15	15
16	16	16	16
17	17	17	17
18	18	18	18
19	19	19	19
20	20	20	20
21	21	21	21

25 VENERDÌ	26 SABATO	27 DOMENICA
7	7	7
8	8	8
9	9	9
10	10	10
11	11	11
12	12	12
13	13	13
14	14	14
15	15	15
16	16	16
17	17	17
18	18	18
19	19	19
20	20	20
21	21	21

Note

Cose da fare

- ○
- ○
- ○
- ○
- ○
- ○
- ○
- ○
- ○
- ○
- ○
- ○
- ○
- ○

28 LUNEDÌ	29 MARTEDÌ	30 MERCOLEDÌ	1 GIOVEDÌ
7	7	7	7
8	8	8	8
9	9	9	9
10	10	10	10
11	11	11	11
12	12	12	12
13	13	13	13
14	14	14	14
15	15	15	15
16	16	16	16
17	17	17	17
18	18	18	18
19	19	19	19
20	20	20	20
21	21	21	21

2 VENERDÌ

7
8
9
10
11
12
13
14
15
16
17
18
19
20
21

3 SABATO

7
8
9
10
11
12
13
14
15
16
17
18
19
20
21

4 DOMENICA

7
8
9
10
11
12
13
14
15
16
17
18
19
20
21

Note

Cose da fare

- ○
- ○
- ○
- ○
- ○
- ○
- ○
- ○
- ○
- ○
- ○
- ○
- ○
- ○

5 LUNEDÌ	6 MARTEDÌ	7 MERCOLEDÌ	8 GIOVEDÌ
7	7	7	7
8	8	8	8
9	9	9	9
10	10	10	10
11	11	11	11
12	12	12	12
13	13	13	13
14	14	14	14
15	15	15	15
16	16	16	16
17	17	17	17
18	18	18	18
19	19	19	19
20	20	20	20
21	21	21	21

9 VENERDÌ	10 SABATO	11 DOMENICA
7	7	7
8	8	8
9	9	9
10	10	10
11	11	11
12	12	12
13	13	13
14	14	14
15	15	15
16	16	16
17	17	17
18	18	18
19	19	19
20	20	20
21	21	21

Note

Cose da fare

- ○
- ○
- ○
- ○
- ○
- ○
- ○
- ○
- ○
- ○
- ○
- ○
- ○
- ○

12 LUNEDÌ	13 MARTEDÌ	14 MERCOLEDÌ	15 GIOVEDÌ
7	7	7	7
8	8	8	8
9	9	9	9
10	10	10	10
11	11	11	11
12	12	12	12
13	13	13	13
14	14	14	14
15	15	15	15
16	16	16	16
17	17	17	17
18	18	18	18
19	19	19	19
20	20	20	20
21	21	21	21

OTTOBRE 2020

Set. 42

16 VENERDÌ

7
8
9
10
11
12
13
14
15
16
17
18
19
20
21

17 SABATO

7
8
9
10
11
12
13
14
15
16
17
18
19
20
21

18 DOMENICA

7
8
9
10
11
12
13
14
15
16
17
18
19
20
21

Note

Cose da fare

19 LUNEDÌ

7
8
9
10
11
12
13
14
15
16
17
18
19
20
21

20 MARTEDÌ

7
8
9
10
11
12
13
14
15
16
17
18
19
20
21

21 MERCOLEDÌ

7
8
9
10
11
12
13
14
15
16
17
18
19
20
21

22 GIOVEDÌ

7
8
9
10
11
12
13
14
15
16
17
18
19
20
21

23 VENERDÌ

7
8
9
10
11
12
13
14
15
16
17
18
19
20
21

24 SABATO

7
8
9
10
11
12
13
14
15
16
17
18
19
20
21

25 DOMENICA

7
8
9
10
11
12
13
14
15
16
17
18
19
20
21

Note

Cose da fare

26 LUNEDÌ

7
8
9
10
11
12
13
14
15
16
17
18
19
20
21

27 MARTEDÌ

7
8
9
10
11
12
13
14
15
16
17
18
19
20
21

28 MERCOLEDÌ

7
8
9
10
11
12
13
14
15
16
17
18
19
20
21

29 GIOVEDÌ

7
8
9
10
11
12
13
14
15
16
17
18
19
20
21

OTTOBRE **2020**

Set. 44

30 VENERDÌ	31 SABATO	1 DOMENICA
7	7	7
8	8	8
9	9	9
10	10	10
11	11	11
12	12	12
13	13	13
14	14	14
15	15	15
16	16	16
17	17	17
18	18	18
19	19	19
20	20	20
21	21	21

Note

Cose da fare

- ○
- ○
- ○
- ○
- ○
- ○
- ○
- ○
- ○
- ○
- ○
- ○
- ○
- ○

2 LUNEDÌ

7

8

9

10

11

12

13

14

15

16

17

18

19

20

21

3 MARTEDÌ

7

8

9

10

11

12

13

14

15

16

17

18

19

20

21

4 MERCOLEDÌ

7

8

9

10

11

12

13

14

15

16

17

18

19

20

21

5 GIOVEDÌ

7

8

9

10

11

12

13

14

15

16

17

18

19

20

21

6 VENERDÌ	7 SABATO	8 DOMENICA
7	7	7
8	8	8
9	9	9
10	10	10
11	11	11
12	12	12
13	13	13
14	14	14
15	15	15
16	16	16
17	17	17
18	18	18
19	19	19
20	20	20
21	21	21

Note

Cose da fare

- ○
- ○
- ○
- ○
- ○
- ○
- ○
- ○
- ○
- ○
- ○
- ○
- ○
- ○

9 LUNEDÌ	10 MARTEDÌ	11 MERCOLEDÌ	12 GIOVEDÌ
7	7	7	7
8	8	8	8
9	9	9	9
10	10	10	10
11	11	11	11
12	12	12	12
13	13	13	13
14	14	14	14
15	15	15	15
16	16	16	16
17	17	17	17
18	18	18	18
19	19	19	19
20	20	20	20
21	21	21	21

NOVEMBRE 2020
Set. 46

13 VENERDÌ	14 SABATO	15 DOMENICA
7	7	7
8	8	8
9	9	9
10	10	10
11	11	11
12	12	12
13	13	13
14	14	14
15	15	15
16	16	16
17	17	17
18	18	18
19	19	19
20	20	20
21	21	21

Note

Cose da fare

○
○
○
○
○
○
○
○
○
○
○
○
○
○

16 LUNEDÌ	17 MARTEDÌ	18 MERCOLEDÌ	19 GIOVEDÌ
7	7	7	7
8	8	8	8
9	9	9	9
10	10	10	10
11	11	11	11
12	12	12	12
13	13	13	13
14	14	14	14
15	15	15	15
16	16	16	16
17	17	17	17
18	18	18	18
19	19	19	19
20	20	20	20
21	21	21	21

20 VENERDÌ	21 SABATO	22 DOMENICA
7	7	7
8	8	8
9	9	9
10	10	10
11	11	11
12	12	12
13	13	13
14	14	14
15	15	15
16	16	16
17	17	17
18	18	18
19	19	19
20	20	20
21	21	21

Note

Cose da fare

- ○
- ○
- ○
- ○
- ○
- ○
- ○
- ○
- ○
- ○
- ○
- ○
- ○
- ○

23 LUNEDÌ

7
8
9
10
11
12
13
14
15
16
17
18
19
20
21

24 MARTEDÌ

7
8
9
10
11
12
13
14
15
16
17
18
19
20
21

25 MERCOLEDÌ

7
8
9
10
11
12
13
14
15
16
17
18
19
20
21

26 GIOVEDÌ

7
8
9
10
11
12
13
14
15
16
17
18
19
20
21

NOVEMBRE 2020
Set. 48

27 VENERDÌ	28 SABATO	29 DOMENICA
7	7	7
8	8	8
9	9	9
10	10	10
11	11	11
12	12	12
13	13	13
14	14	14
15	15	15
16	16	16
17	17	17
18	18	18
19	19	19
20	20	20
21	21	21

Note

Cose da fare

- ○
- ○
- ○
- ○
- ○
- ○
- ○
- ○
- ○
- ○
- ○
- ○
- ○
- ○

30 LUNEDÌ	1 MARTEDÌ	2 MERCOLEDÌ	3 GIOVEDÌ
7	7	7	7
8	8	8	8
9	9	9	9
10	10	10	10
11	11	11	11
12	12	12	12
13	13	13	13
14	14	14	14
15	15	15	15
16	16	16	16
17	17	17	17
18	18	18	18
19	19	19	19
20	20	20	20
21	21	21	21

4 VENERDÌ

7
8
9
10
11
12
13
14
15
16
17
18
19
20
21

5 SABATO

7
8
9
10
11
12
13
14
15
16
17
18
19
20
21

6 DOMENICA

7
8
9
10
11
12
13
14
15
16
17
18
19
20
21

Note

Cose da fare

- ○
- ○
- ○
- ○
- ○
- ○
- ○
- ○
- ○
- ○
- ○
- ○
- ○
- ○

7 LUNEDÌ	8 MARTEDÌ	9 MERCOLEDÌ	10 GIOVEDÌ
7	7	7	7
8	8	8	8
9	9	9	9
10	10	10	10
11	11	11	11
12	12	12	12
13	13	13	13
14	14	14	14
15	15	15	15
16	16	16	16
17	17	17	17
18	18	18	18
19	19	19	19
20	20	20	20
21	21	21	21

DICEMBRE **2020**
Set. 50

11 VENERDÌ

7
8
9
10
11
12
13
14
15
16
17
18
19
20
21

12 SABATO

7
8
9
10
11
12
13
14
15
16
17
18
19
20
21

13 DOMENICA

7
8
9
10
11
12
13
14
15
16
17
18
19
20
21

Note

Cose da fare

- ○
- ○
- ○
- ○
- ○
- ○
- ○
- ○
- ○
- ○
- ○
- ○
- ○
- ○

14 LUNEDÌ	15 MARTEDÌ	16 MERCOLEDÌ	17 GIOVEDÌ
7	7	7	7
8	8	8	8
9	9	9	9
10	10	10	10
11	11	11	11
12	12	12	12
13	13	13	13
14	14	14	14
15	15	15	15
16	16	16	16
17	17	17	17
18	18	18	18
19	19	19	19
20	20	20	20
21	21	21	21

18 VENERDÌ

7
8
9
10
11
12
13
14
15
16
17
18
19
20
21

19 SABATO

7
8
9
10
11
12
13
14
15
16
17
18
19
20
21

20 DOMENICA

7
8
9
10
11
12
13
14
15
16
17
18
19
20
21

Note

Cose da fare

21 LUNEDÌ	22 MARTEDÌ	23 MERCOLEDÌ	24 GIOVEDÌ
7	7	7	7
8	8	8	8
9	9	9	9
10	10	10	10
11	11	11	11
12	12	12	12
13	13	13	13
14	14	14	14
15	15	15	15
16	16	16	16
17	17	17	17
18	18	18	18
19	19	19	19
20	20	20	20
21	21	21	21

25 VENERDÌ

7
8
9
10
11
12
13
14
15
16
17
18
19
20
21

26 SABATO

7
8
9
10
11
12
13
14
15
16
17
18
19
20
21

27 DOMENICA

7
8
9
10
11
12
13
14
15
16
17
18
19
20
21

Note

Cose da fare

- ○
- ○
- ○
- ○
- ○
- ○
- ○
- ○
- ○
- ○
- ○
- ○
- ○
- ○

28 LUNEDÌ

7
8
9
10
11
12
13
14
15
16
17
18
19
20
21

29 MARTEDÌ

7
8
9
10
11
12
13
14
15
16
17
18
19
20
21

30 MERCOLEDÌ

7
8
9
10
11
12
13
14
15
16
17
18
19
20
21

31 GIOVEDÌ

7
8
9
10
11
12
13
14
15
16
17
18
19
20
21

1 VENERDÌ

7
8
9
10
11
12
13
14
15
16
17
18
19
20
21

2 SABATO

7
8
9
10
11
12
13
14
15
16
17
18
19
20
21

3 DOMENICA

7
8
9
10
11
12
13
14
15
16
17
18
19
20
21

Note

Cose da fare

○
○
○
○
○
○
○
○
○
○
○
○
○
○

4 LUNEDÌ

7

8

9

10

11

12

13

14

15

16

17

18

19

20

21

5 MARTEDÌ

7

8

9

10

11

12

13

14

15

16

17

18

19

20

21

6 MERCOLEDÌ

7

8

9

10

11

12

13

14

15

16

17

18

19

20

21

7 GIOVEDÌ

7

8

9

10

11

12

13

14

15

16

17

18

19

20

21

8 VENERDÌ	9 SABATO	10 DOMENICA
7	7	7
8	8	8
9	9	9
10	10	10
11	11	11
12	12	12
13	13	13
14	14	14
15	15	15
16	16	16
17	17	17
18	18	18
19	19	19
20	20	20
21	21	21

Note

Cose da fare

- ○
- ○
- ○
- ○
- ○
- ○
- ○
- ○
- ○
- ○
- ○
- ○
- ○
- ○

11 LUNEDÌ	12 MARTEDÌ	13 MERCOLEDÌ	14 GIOVEDÌ
7	7	7	7
8	8	8	8
9	9	9	9
10	10	10	10
11	11	11	11
12	12	12	12
13	13	13	13
14	14	14	14
15	15	15	15
16	16	16	16
17	17	17	17
18	18	18	18
19	19	19	19
20	20	20	20
21	21	21	21

15 VENERDÌ	16 SABATO	17 DOMENICA
7	7	7
8	8	8
9	9	9
10	10	10
11	11	11
12	12	12
13	13	13
14	14	14
15	15	15
16	16	16
17	17	17
18	18	18
19	19	19
20	20	20
21	21	21

Note

Cose da fare

- ○
- ○
- ○
- ○
- ○
- ○
- ○
- ○
- ○
- ○
- ○
- ○
- ○
- ○

18 LUNEDÌ

7

8

9

10

11

12

13

14

15

16

17

18

19

20

21

19 MARTEDÌ

7

8

9

10

11

12

13

14

15

16

17

18

19

20

21

20 MERCOLEDÌ

7

8

9

10

11

12

13

14

15

16

17

18

19

20

21

21 GIOVEDÌ

7

8

9

10

11

12

13

14

15

16

17

18

19

20

21

22 VENERDÌ

7
8
9
10
11
12
13
14
15
16
17
18
19
20
21

23 SABATO

7
8
9
10
11
12
13
14
15
16
17
18
19
20
21

24 DOMENICA

7
8
9
10
11
12
13
14
15
16
17
18
19
20
21

Note

Cose da fare

- ○
- ○
- ○
- ○
- ○
- ○
- ○
- ○
- ○
- ○
- ○
- ○
- ○
- ○

25 LUNEDÌ	26 MARTEDÌ	27 MERCOLEDÌ	28 GIOVEDÌ
7	7	7	7
8	8	8	8
9	9	9	9
10	10	10	10
11	11	11	11
12	12	12	12
13	13	13	13
14	14	14	14
15	15	15	15
16	16	16	16
17	17	17	17
18	18	18	18
19	19	19	19
20	20	20	20
21	21	21	21

GENNAIO 2021

Set. 4

29 VENERDÌ

7

8

9

10

11

12

13

14

15

16

17

18

19

20

21

30 SABATO

7

8

9

10

11

12

13

14

15

16

17

18

19

20

21

31 DOMENICA

7

8

9

10

11

12

13

14

15

16

17

18

19

20

21

Note

Cose da fare

- ○
- ○
- ○
- ○
- ○
- ○
- ○
- ○
- ○
- ○
- ○
- ○
- ○
- ○

1 LUNEDÌ

7

8

9

10

11

12

13

14

15

16

17

18

19

20

21

2 MARTEDÌ

7

8

9

10

11

12

13

14

15

16

17

18

19

20

21

3 MERCOLEDÌ

7

8

9

10

11

12

13

14

15

16

17

18

19

20

21

4 GIOVEDÌ

7

8

9

10

11

12

13

14

15

16

17

18

19

20

21

5 VENERDÌ

7
8
9
10
11
12
13
14
15
16
17
18
19
20
21

6 SABATO

7
8
9
10
11
12
13
14
15
16
17
18
19
20
21

7 DOMENICA

7
8
9
10
11
12
13
14
15
16
17
18
19
20
21

Note

Cose da fare

○
○
○
○
○
○
○
○
○
○
○
○
○
○

8 LUNEDÌ

7

8

9

10

11

12

13

14

15

16

17

18

19

20

21

9 MARTEDÌ

7

8

9

10

11

12

13

14

15

16

17

18

19

20

21

10 MERCOLEDÌ

7

8

9

10

11

12

13

14

15

16

17

18

19

20

21

11 GIOVEDÌ

7

8

9

10

11

12

13

14

15

16

17

18

19

20

21

12 VENERDÌ

7
8
9
10
11
12
13
14
15
16
17
18
19
20
21

13 SABATO

7
8
9
10
11
12
13
14
15
16
17
18
19
20
21

14 DOMENICA

7
8
9
10
11
12
13
14
15
16
17
18
19
20
21

Note

Cose da fare

- ○
- ○
- ○
- ○
- ○
- ○
- ○
- ○
- ○
- ○
- ○
- ○
- ○
- ○

15 LUNEDÌ

7

8

9

10

11

12

13

14

15

16

17

18

19

20

21

16 MARTEDÌ

7

8

9

10

11

12

13

14

15

16

17

18

19

20

21

17 MERCOLEDÌ

7

8

9

10

11

12

13

14

15

16

17

18

19

20

21

18 GIOVEDÌ

7

8

9

10

11

12

13

14

15

16

17

18

19

20

21

19 VENERDÌ	20 SABATO	21 DOMENICA
7	7	7
8	8	8
9	9	9
10	10	10
11	11	11
12	12	12
13	13	13
14	14	14
15	15	15
16	16	16
17	17	17
18	18	18
19	19	19
20	20	20
21	21	21

Note

Cose da fare

- ○
- ○
- ○
- ○
- ○
- ○
- ○
- ○
- ○
- ○
- ○
- ○
- ○
- ○

22 LUNEDÌ	23 MARTEDÌ	24 MERCOLEDÌ	25 GIOVEDÌ
7	7	7	7
8	8	8	8
9	9	9	9
10	10	10	10
11	11	11	11
12	12	12	12
13	13	13	13
14	14	14	14
15	15	15	15
16	16	16	16
17	17	17	17
18	18	18	18
19	19	19	19
20	20	20	20
21	21	21	21

26 VENERDÌ

7
8
9
10
11
12
13
14
15
16
17
18
19
20
21

27 SABATO

7
8
9
10
11
12
13
14
15
16
17
18
19
20
21

28 DOMENICA

7
8
9
10
11
12
13
14
15
16
17
18
19
20
21

Note

Cose da fare

○
○
○
○
○
○
○
○
○
○
○
○
○
○

1 LUNEDÌ	2 MARTEDÌ	3 MERCOLEDÌ	4 GIOVEDÌ
7	7	7	7
8	8	8	8
9	9	9	9
10	10	10	10
11	11	11	11
12	12	12	12
13	13	13	13
14	14	14	14
15	15	15	15
16	16	16	16
17	17	17	17
18	18	18	18
19	19	19	19
20	20	20	20
21	21	21	21

5 VENERDÌ	6 SABATO	7 DOMENICA
7	7	7
8	8	8
9	9	9
10	10	10
11	11	11
12	12	12
13	13	13
14	14	14
15	15	15
16	16	16
17	17	17
18	18	18
19	19	19
20	20	20
21	21	21

Note

Cose da fare

- ○
- ○
- ○
- ○
- ○
- ○
- ○
- ○
- ○
- ○
- ○
- ○
- ○
- ○

8 LUNEDÌ

7

8

9

10

11

12

13

14

15

16

17

18

19

20

21

9 MARTEDÌ

7

8

9

10

11

12

13

14

15

16

17

18

19

20

21

10 MERCOLEDÌ

7

8

9

10

11

12

13

14

15

16

17

18

19

20

21

11 GIOVEDÌ

7

8

9

10

11

12

13

14

15

16

17

18

19

20

21

12 VENERDÌ

7
8
9
10
11
12
13
14
15
16
17
18
19
20
21

13 SABATO

7
8
9
10
11
12
13
14
15
16
17
18
19
20
21

14 DOMENICA

7
8
9
10
11
12
13
14
15
16
17
18
19
20
21

Note

Cose da fare

- ○
- ○
- ○
- ○
- ○
- ○
- ○
- ○
- ○
- ○
- ○
- ○
- ○
- ○

15 LUNEDÌ

7
8
9
10
11
12
13
14
15
16
17
18
19
20
21

16 MARTEDÌ

7
8
9
10
11
12
13
14
15
16
17
18
19
20
21

17 MERCOLEDÌ

7
8
9
10
11
12
13
14
15
16
17
18
19
20
21

18 GIOVEDÌ

7
8
9
10
11
12
13
14
15
16
17
18
19
20
21

19 VENERDÌ	20 SABATO	21 DOMENICA
7	7	7
8	8	8
9	9	9
10	10	10
11	11	11
12	12	12
13	13	13
14	14	14
15	15	15
16	16	16
17	17	17
18	18	18
19	19	19
20	20	20
21	21	21

Note

Cose da fare

- ○
- ○
- ○
- ○
- ○
- ○
- ○
- ○
- ○
- ○
- ○
- ○
- ○
- ○

22 LUNEDÌ

7

8

9

10

11

12

13

14

15

16

17

18

19

20

21

23 MARTEDÌ

7

8

9

10

11

12

13

14

15

16

17

18

19

20

21

24 MERCOLEDÌ

7

8

9

10

11

12

13

14

15

16

17

18

19

20

21

25 GIOVEDÌ

7

8

9

10

11

12

13

14

15

16

17

18

19

20

21

26 VENERDÌ

7
8
9
10
11
12
13
14
15
16
17
18
19
20
21

27 SABATO

7
8
9
10
11
12
13
14
15
16
17
18
19
20
21

28 DOMENICA

7
8
9
10
11
12
13
14
15
16
17
18
19
20
21

Note

Cose da fare

○
○
○
○
○
○
○
○
○
○
○
○
○
○

29 LUNEDÌ

7

8

9

10

11

12

13

14

15

16

17

18

19

20

21

30 MARTEDÌ

7

8

9

10

11

12

13

14

15

16

17

18

19

20

21

31 MERCOLEDÌ

7

8

9

10

11

12

13

14

15

16

17

18

19

20

21

1 GIOVEDÌ

7

8

9

10

11

12

13

14

15

16

17

18

19

20

21

2 VENERDÌ	3 SABATO	4 DOMENICA
7	7	7
8	8	8
9	9	9
10	10	10
11	11	11
12	12	12
13	13	13
14	14	14
15	15	15
16	16	16
17	17	17
18	18	18
19	19	19
20	20	20
21	21	21

Note

Cose da fare

- ○
- ○
- ○
- ○
- ○
- ○
- ○
- ○
- ○
- ○
- ○
- ○
- ○
- ○

5 LUNEDÌ	6 MARTEDÌ	7 MERCOLEDÌ	8 GIOVEDÌ
7	7	7	7
8	8	8	8
9	9	9	9
10	10	10	10
11	11	11	11
12	12	12	12
13	13	13	13
14	14	14	14
15	15	15	15
16	16	16	16
17	17	17	17
18	18	18	18
19	19	19	19
20	20	20	20
21	21	21	21

Set. 14

9 VENERDÌ	10 SABATO	11 DOMENICA
7	7	7
8	8	8
9	9	9
10	10	10
11	11	11
12	12	12
13	13	13
14	14	14
15	15	15
16	16	16
17	17	17
18	18	18
19	19	19
20	20	20
21	21	21

Note

Cose da fare

- ○
- ○
- ○
- ○
- ○
- ○
- ○
- ○
- ○
- ○
- ○
- ○
- ○
- ○

12 LUNEDÌ

7
8
9
10
11
12
13
14
15
16
17
18
19
20
21

13 MARTEDÌ

7
8
9
10
11
12
13
14
15
16
17
18
19
20
21

14 MERCOLEDÌ

7
8
9
10
11
12
13
14
15
16
17
18
19
20
21

15 GIOVEDÌ

7
8
9
10
11
12
13
14
15
16
17
18
19
20
21

16 VENERDÌ	17 SABATO	18 DOMENICA
7	7	7
8	8	8
9	9	9
10	10	10
11	11	11
12	12	12
13	13	13
14	14	14
15	15	15
16	16	16
17	17	17
18	18	18
19	19	19
20	20	20
21	21	21

Note

Cose da fare

- ○
- ○
- ○
- ○
- ○
- ○
- ○
- ○
- ○
- ○
- ○
- ○
- ○
- ○

19 LUNEDÌ

7
8
9
10
11
12
13
14
15
16
17
18
19
20
21

20 MARTEDÌ

7
8
9
10
11
12
13
14
15
16
17
18
19
20
21

21 MERCOLEDÌ

7
8
9
10
11
12
13
14
15
16
17
18
19
20
21

22 GIOVEDÌ

7
8
9
10
11
12
13
14
15
16
17
18
19
20
21

APRILE 2021
Set. 16

23 VENERDÌ

7
8
9
10
11
12
13
14
15
16
17
18
19
20
21

24 SABATO

7
8
9
10
11
12
13
14
15
16
17
18
19
20
21

25 DOMENICA

7
8
9
10
11
12
13
14
15
16
17
18
19
20
21

Note

Cose da fare

- ○
- ○
- ○
- ○
- ○
- ○
- ○
- ○
- ○
- ○
- ○
- ○
- ○
- ○

26 LUNEDÌ

7
8
9
10
11
12
13
14
15
16
17
18
19
20
21

27 MARTEDÌ

7
8
9
10
11
12
13
14
15
16
17
18
19
20
21

28 MERCOLEDÌ

7
8
9
10
11
12
13
14
15
16
17
18
19
20
21

29 GIOVEDÌ

7
8
9
10
11
12
13
14
15
16
17
18
19
20
21

APRILE 2021
Set. 17

30 VENERDÌ	1 SABATO	2 DOMENICA
7	7	7
8	8	8
9	9	9
10	10	10
11	11	11
12	12	12
13	13	13
14	14	14
15	15	15
16	16	16
17	17	17
18	18	18
19	19	19
20	20	20
21	21	21

Note

Cose da fare

- ○
- ○
- ○
- ○
- ○
- ○
- ○
- ○
- ○
- ○
- ○
- ○
- ○
- ○

3 LUNEDÌ	4 MARTEDÌ	5 MERCOLEDÌ	6 GIOVEDÌ
7	7	7	7
8	8	8	8
9	9	9	9
10	10	10	10
11	11	11	11
12	12	12	12
13	13	13	13
14	14	14	14
15	15	15	15
16	16	16	16
17	17	17	17
18	18	18	18
19	19	19	19
20	20	20	20
21	21	21	21

MAGGIO 2021
Set. 18

7 VENERDÌ	8 SABATO	9 DOMENICA
7	7	7
8	8	8
9	9	9
10	10	10
11	11	11
12	12	12
13	13	13
14	14	14
15	15	15
16	16	16
17	17	17
18	18	18
19	19	19
20	20	20
21	21	21

Note

Cose da fare

- ○
- ○
- ○
- ○
- ○
- ○
- ○
- ○
- ○
- ○
- ○
- ○
- ○
- ○

10 LUNEDÌ	11 MARTEDÌ	12 MERCOLEDÌ	13 GIOVEDÌ
7	7	7	7
8	8	8	8
9	9	9	9
10	10	10	10
11	11	11	11
12	12	12	12
13	13	13	13
14	14	14	14
15	15	15	15
16	16	16	16
17	17	17	17
18	18	18	18
19	19	19	19
20	20	20	20
21	21	21	21

14 VENERDÌ

7
8
9
10
11
12
13
14
15
16
17
18
19
20
21

15 SABATO

7
8
9
10
11
12
13
14
15
16
17
18
19
20
21

16 DOMENICA

7
8
9
10
11
12
13
14
15
16
17
18
19
20
21

Note

Cose da fare

- ○
- ○
- ○
- ○
- ○
- ○
- ○
- ○
- ○
- ○
- ○
- ○
- ○
- ○

17 LUNEDÌ

7
8
9
10
11
12
13
14
15
16
17
18
19
20
21

18 MARTEDÌ

7
8
9
10
11
12
13
14
15
16
17
18
19
20
21

19 MERCOLEDÌ

7
8
9
10
11
12
13
14
15
16
17
18
19
20
21

20 GIOVEDÌ

7
8
9
10
11
12
13
14
15
16
17
18
19
20
21

21 VENERDÌ

7
8
9
10
11
12
13
14
15
16
17
18
19
20
21

22 SABATO

7
8
9
10
11
12
13
14
15
16
17
18
19
20
21

23 DOMENICA

7
8
9
10
11
12
13
14
15
16
17
18
19
20
21

Note

Cose da fare

- ○
- ○
- ○
- ○
- ○
- ○
- ○
- ○
- ○
- ○
- ○
- ○
- ○
- ○

24 LUNEDÌ

7
8
9
10
11
12
13
14
15
16
17
18
19
20
21

25 MARTEDÌ

7
8
9
10
11
12
13
14
15
16
17
18
19
20
21

26 MERCOLEDÌ

7
8
9
10
11
12
13
14
15
16
17
18
19
20
21

27 GIOVEDÌ

7
8
9
10
11
12
13
14
15
16
17
18
19
20
21

28 VENERDÌ

7
8
9
10
11
12
13
14
15
16
17
18
19
20
21

29 SABATO

7
8
9
10
11
12
13
14
15
16
17
18
19
20
21

30 DOMENICA

7
8
9
10
11
12
13
14
15
16
17
18
19
20
21

Note

Cose da fare

31 LUNEDÌ

7
8
9
10
11
12
13
14
15
16
17
18
19
20
21

1 MARTEDÌ

7
8
9
10
11
12
13
14
15
16
17
18
19
20
21

2 MERCOLEDÌ

7
8
9
10
11
12
13
14
15
16
17
18
19
20
21

3 GIOVEDÌ

7
8
9
10
11
12
13
14
15
16
17
18
19
20
21

4 VENERDÌ

7
8
9
10
11
12
13
14
15
16
17
18
19
20
21

5 SABATO

7
8
9
10
11
12
13
14
15
16
17
18
19
20
21

6 DOMENICA

7
8
9
10
11
12
13
14
15
16
17
18
19
20
21

Note

Cose da fare

- ○
- ○
- ○
- ○
- ○
- ○
- ○
- ○
- ○
- ○
- ○
- ○
- ○
- ○

7 LUNEDÌ	8 MARTEDÌ	9 MERCOLEDÌ	10 GIOVEDÌ
7	7	7	7
8	8	8	8
9	9	9	9
10	10	10	10
11	11	11	11
12	12	12	12
13	13	13	13
14	14	14	14
15	15	15	15
16	16	16	16
17	17	17	17
18	18	18	18
19	19	19	19
20	20	20	20
21	21	21	21

11 VENERDÌ	12 SABATO	13 DOMENICA
7	7	7
8	8	8
9	9	9
10	10	10
11	11	11
12	12	12
13	13	13
14	14	14
15	15	15
16	16	16
17	17	17
18	18	18
19	19	19
20	20	20
21	21	21

Note

Cose da fare

- ○
- ○
- ○
- ○
- ○
- ○
- ○
- ○
- ○
- ○
- ○
- ○
- ○
- ○

14 LUNEDÌ

7

8

9

10

11

12

13

14

15

16

17

18

19

20

21

15 MARTEDÌ

7

8

9

10

11

12

13

14

15

16

17

18

19

20

21

16 MERCOLEDÌ

7

8

9

10

11

12

13

14

15

16

17

18

19

20

21

17 GIOVEDÌ

7

8

9

10

11

12

13

14

15

16

17

18

19

20

21

18 VENERDÌ	19 SABATO	20 DOMENICA
7	7	7
8	8	8
9	9	9
10	10	10
11	11	11
12	12	12
13	13	13
14	14	14
15	15	15
16	16	16
17	17	17
18	18	18
19	19	19
20	20	20
21	21	21

Note

Cose da fare

- ○
- ○
- ○
- ○
- ○
- ○
- ○
- ○
- ○
- ○
- ○
- ○
- ○
- ○

21 LUNEDÌ

7

8

9

10

11

12

13

14

15

16

17

18

19

20

21

22 MARTEDÌ

7

8

9

10

11

12

13

14

15

16

17

18

19

20

21

23 MERCOLEDÌ

7

8

9

10

11

12

13

14

15

16

17

18

19

20

21

24 GIOVEDÌ

7

8

9

10

11

12

13

14

15

16

17

18

19

20

21

25 VENERDÌ

7
8
9
10
11
12
13
14
15
16
17
18
19
20
21

26 SABATO

7
8
9
10
11
12
13
14
15
16
17
18
19
20
21

27 DOMENICA

7
8
9
10
11
12
13
14
15
16
17
18
19
20
21

Note

Cose da fare

- ○
- ○
- ○
- ○
- ○
- ○
- ○
- ○
- ○
- ○
- ○
- ○
- ○
- ○

28 LUNEDÌ

7

8

9

10

11

12

13

14

15

16

17

18

19

20

21

29 MARTEDÌ

7

8

9

10

11

12

13

14

15

16

17

18

19

20

21

30 MERCOLEDÌ

7

8

9

10

11

12

13

14

15

16

17

18

19

20

21

1 GIOVEDÌ

7

8

9

10

11

12

13

14

15

16

17

18

19

20

21

2 VENERDÌ	3 SABATO	4 DOMENICA
7	7	7
8	8	8
9	9	9
10	10	10
11	11	11
12	12	12
13	13	13
14	14	14
15	15	15
16	16	16
17	17	17
18	18	18
19	19	19
20	20	20
21	21	21

Note

Cose da fare

- ○
- ○
- ○
- ○
- ○
- ○
- ○
- ○
- ○
- ○
- ○
- ○
- ○
- ○

5 LUNEDÌ	6 MARTEDÌ	7 MERCOLEDÌ	8 GIOVEDÌ
7	7	7	7
8	8	8	8
9	9	9	9
10	10	10	10
11	11	11	11
12	12	12	12
13	13	13	13
14	14	14	14
15	15	15	15
16	16	16	16
17	17	17	17
18	18	18	18
19	19	19	19
20	20	20	20
21	21	21	21

9 VENERDÌ	10 SABATO	11 DOMENICA
7	7	7
8	8	8
9	9	9
10	10	10
11	11	11
12	12	12
13	13	13
14	14	14
15	15	15
16	16	16
17	17	17
18	18	18
19	19	19
20	20	20
21	21	21

Note

Cose da fare

- ○
- ○
- ○
- ○
- ○
- ○
- ○
- ○
- ○
- ○
- ○
- ○
- ○
- ○

12 LUNEDÌ	13 MARTEDÌ	14 MERCOLEDÌ	15 GIOVEDÌ
7	7	7	7
8	8	8	8
9	9	9	9
10	10	10	10
11	11	11	11
12	12	12	12
13	13	13	13
14	14	14	14
15	15	15	15
16	16	16	16
17	17	17	17
18	18	18	18
19	19	19	19
20	20	20	20
21	21	21	21

16 VENERDÌ

7
8
9
10
11
12
13
14
15
16
17
18
19
20
21

17 SABATO

7
8
9
10
11
12
13
14
15
16
17
18
19
20
21

18 DOMENICA

7
8
9
10
11
12
13
14
15
16
17
18
19
20
21

Note

Cose da fare

- ○
- ○
- ○
- ○
- ○
- ○
- ○
- ○
- ○
- ○
- ○
- ○
- ○
- ○

19 LUNEDÌ

7

8

9

10

11

12

13

14

15

16

17

18

19

20

21

20 MARTEDÌ

7

8

9

10

11

12

13

14

15

16

17

18

19

20

21

21 MERCOLEDÌ

7

8

9

10

11

12

13

14

15

16

17

18

19

20

21

22 GIOVEDÌ

7

8

9

10

11

12

13

14

15

16

17

18

19

20

21

23 VENERDÌ

7
8
9
10
11
12
13
14
15
16
17
18
19
20
21

24 SABATO

7
8
9
10
11
12
13
14
15
16
17
18
19
20
21

25 DOMENICA

7
8
9
10
11
12
13
14
15
16
17
18
19
20
21

Note

Cose da fare

- ○
- ○
- ○
- ○
- ○
- ○
- ○
- ○
- ○
- ○
- ○
- ○
- ○
- ○

26 LUNEDÌ

7

8

9

10

11

12

13

14

15

16

17

18

19

20

21

27 MARTEDÌ

7

8

9

10

11

12

13

14

15

16

17

18

19

20

21

28 MERCOLEDÌ

7

8

9

10

11

12

13

14

15

16

17

18

19

20

21

29 GIOVEDÌ

7

8

9

10

11

12

13

14

15

16

17

18

19

20

21

LUGLIO **2021**

Set. 30

30 VENERDÌ

7

8

9

10

11

12

13

14

15

16

17

18

19

20

21

31 SABATO

7

8

9

10

11

12

13

14

15

16

17

18

19

20

21

1 DOMENICA

7

8

9

10

11

12

13

14

15

16

17

18

19

20

21

Note

Cose da fare

○
○
○
○
○
○
○
○
○
○
○
○
○
○

2 LUNEDÌ

7

8

9

10

11

12

13

14

15

16

17

18

19

20

21

3 MARTEDÌ

7

8

9

10

11

12

13

14

15

16

17

18

19

20

21

4 MERCOLEDÌ

7

8

9

10

11

12

13

14

15

16

17

18

19

20

21

5 GIOVEDÌ

7

8

9

10

11

12

13

14

15

16

17

18

19

20

21

6 VENERDÌ	7 SABATO	8 DOMENICA
7	7	7
8	8	8
9	9	9
10	10	10
11	11	11
12	12	12
13	13	13
14	14	14
15	15	15
16	16	16
17	17	17
18	18	18
19	19	19
20	20	20
21	21	21

Note

Cose da fare

- ○
- ○
- ○
- ○
- ○
- ○
- ○
- ○
- ○
- ○
- ○
- ○
- ○
- ○

9 LUNEDÌ	10 MARTEDÌ	11 MERCOLEDÌ	12 GIOVEDÌ
7	7	7	7
8	8	8	8
9	9	9	9
10	10	10	10
11	11	11	11
12	12	12	12
13	13	13	13
14	14	14	14
15	15	15	15
16	16	16	16
17	17	17	17
18	18	18	18
19	19	19	19
20	20	20	20
21	21	21	21

13 VENERDÌ	14 SABATO	15 DOMENICA
7	7	7
8	8	8
9	9	9
10	10	10
11	11	11
12	12	12
13	13	13
14	14	14
15	15	15
16	16	16
17	17	17
18	18	18
19	19	19
20	20	20
21	21	21

Note

Cose da fare

- ○
- ○
- ○
- ○
- ○
- ○
- ○
- ○
- ○
- ○
- ○
- ○
- ○
- ○

16 LUNEDÌ

7
8
9
10
11
12
13
14
15
16
17
18
19
20
21

17 MARTEDÌ

7
8
9
10
11
12
13
14
15
16
17
18
19
20
21

18 MERCOLEDÌ

7
8
9
10
11
12
13
14
15
16
17
18
19
20
21

19 GIOVEDÌ

7
8
9
10
11
12
13
14
15
16
17
18
19
20
21

AGOSTO 2021

Set. 33

20 VENERDÌ

7

8

9

10

11

12

13

14

15

16

17

18

19

20

21

21 SABATO

7

8

9

10

11

12

13

14

15

16

17

18

19

20

21

22 DOMENICA

7

8

9

10

11

12

13

14

15

16

17

18

19

20

21

Note

Cose da fare

23 LUNEDÌ

7

8

9

10

11

12

13

14

15

16

17

18

19

20

21

24 MARTEDÌ

7

8

9

10

11

12

13

14

15

16

17

18

19

20

21

25 MERCOLEDÌ

7

8

9

10

11

12

13

14

15

16

17

18

19

20

21

26 GIOVEDÌ

7

8

9

10

11

12

13

14

15

16

17

18

19

20

21

AGOSTO 2021

Set. 34

27 VENERDÌ

7

8

9

10

11

12

13

14

15

16

17

18

19

20

21

28 SABATO

7

8

9

10

11

12

13

14

15

16

17

18

19

20

21

29 DOMENICA

7

8

9

10

11

12

13

14

15

16

17

18

19

20

21

Note

Cose da fare

- ○
- ○
- ○
- ○
- ○
- ○
- ○
- ○
- ○
- ○
- ○
- ○
- ○
- ○

30 LUNEDÌ	31 MARTEDÌ	1 MERCOLEDÌ	2 GIOVEDÌ
7	7	7	7
8	8	8	8
9	9	9	9
10	10	10	10
11	11	11	11
12	12	12	12
13	13	13	13
14	14	14	14
15	15	15	15
16	16	16	16
17	17	17	17
18	18	18	18
19	19	19	19
20	20	20	20
21	21	21	21

SETTEMBRE 2021

Set. 35

3 VENERDÌ

7

8

9

10

11

12

13

14

15

16

17

18

19

20

21

4 SABATO

7

8

9

10

11

12

13

14

15

16

17

18

19

20

21

5 DOMENICA

7

8

9

10

11

12

13

14

15

16

17

18

19

20

21

Note

Cose da fare

6 LUNEDÌ	7 MARTEDÌ	8 MERCOLEDÌ	9 GIOVEDÌ
7	7	7	7
8	8	8	8
9	9	9	9
10	10	10	10
11	11	11	11
12	12	12	12
13	13	13	13
14	14	14	14
15	15	15	15
16	16	16	16
17	17	17	17
18	18	18	18
19	19	19	19
20	20	20	20
21	21	21	21

10 VENERDÌ

7
8
9
10
11
12
13
14
15
16
17
18
19
20
21

11 SABATO

7
8
9
10
11
12
13
14
15
16
17
18
19
20
21

12 DOMENICA

7
8
9
10
11
12
13
14
15
16
17
18
19
20
21

Note

Cose da fare

13 LUNEDÌ	14 MARTEDÌ	15 MERCOLEDÌ	16 GIOVEDÌ
7	7	7	7
8	8	8	8
9	9	9	9
10	10	10	10
11	11	11	11
12	12	12	12
13	13	13	13
14	14	14	14
15	15	15	15
16	16	16	16
17	17	17	17
18	18	18	18
19	19	19	19
20	20	20	20
21	21	21	21

17 VENERDÌ

7
8
9
10
11
12
13
14
15
16
17
18
19
20
21

18 SABATO

7
8
9
10
11
12
13
14
15
16
17
18
19
20
21

19 DOMENICA

7
8
9
10
11
12
13
14
15
16
17
18
19
20
21

Note

Cose da fare

- ○
- ○
- ○
- ○
- ○
- ○
- ○
- ○
- ○
- ○
- ○
- ○
- ○
- ○

20 LUNEDÌ

7

8

9

10

11

12

13

14

15

16

17

18

19

20

21

21 MARTEDÌ

7

8

9

10

11

12

13

14

15

16

17

18

19

20

21

22 MERCOLEDÌ

7

8

9

10

11

12

13

14

15

16

17

18

19

20

21

23 GIOVEDÌ

7

8

9

10

11

12

13

14

15

16

17

18

19

20

21

SETTEMBRE 2021
Set. 38

24 VENERDÌ

7
8
9
10
11
12
13
14
15
16
17
18
19
20
21

25 SABATO

7
8
9
10
11
12
13
14
15
16
17
18
19
20
21

26 DOMENICA

7
8
9
10
11
12
13
14
15
16
17
18
19
20
21

Note

Cose da fare

○
○
○
○
○
○
○
○
○
○
○
○
○
○

27 LUNEDÌ

7

8

9

10

11

12

13

14

15

16

17

18

19

20

21

28 MARTEDÌ

7

8

9

10

11

12

13

14

15

16

17

18

19

20

21

29 MERCOLEDÌ

7

8

9

10

11

12

13

14

15

16

17

18

19

20

21

30 GIOVEDÌ

7

8

9

10

11

12

13

14

15

16

17

18

19

20

21

OTTOBRE 2021

Set. 39

1 VENERDÌ

7
8
9
10
11
12
13
14
15
16
17
18
19
20
21

2 SABATO

7
8
9
10
11
12
13
14
15
16
17
18
19
20
21

3 DOMENICA

7
8
9
10
11
12
13
14
15
16
17
18
19
20
21

Note

Cose da fare

- ○
- ○
- ○
- ○
- ○
- ○
- ○
- ○
- ○
- ○
- ○
- ○
- ○
- ○

4 LUNEDÌ

7
8
9
10
11
12
13
14
15
16
17
18
19
20
21

5 MARTEDÌ

7
8
9
10
11
12
13
14
15
16
17
18
19
20
21

6 MERCOLEDÌ

7
8
9
10
11
12
13
14
15
16
17
18
19
20
21

7 GIOVEDÌ

7
8
9
10
11
12
13
14
15
16
17
18
19
20
21

OTTOBRE **2021**

Set. 40

8 VENERDÌ

7

8

9

10

11

12

13

14

15

16

17

18

19

20

21

9 SABATO

7

8

9

10

11

12

13

14

15

16

17

18

19

20

21

10 DOMENICA

7

8

9

10

11

12

13

14

15

16

17

18

19

20

21

Note

Cose da fare

- ○
- ○
- ○
- ○
- ○
- ○
- ○
- ○
- ○
- ○
- ○
- ○
- ○
- ○

11 LUNEDÌ	12 MARTEDÌ	13 MERCOLEDÌ	14 GIOVEDÌ
7	7	7	7
8	8	8	8
9	9	9	9
10	10	10	10
11	11	11	11
12	12	12	12
13	13	13	13
14	14	14	14
15	15	15	15
16	16	16	16
17	17	17	17
18	18	18	18
19	19	19	19
20	20	20	20
21	21	21	21

15 VENERDÌ

7
8
9
10
11
12
13
14
15
16
17
18
19
20
21

16 SABATO

7
8
9
10
11
12
13
14
15
16
17
18
19
20
21

17 DOMENICA

7
8
9
10
11
12
13
14
15
16
17
18
19
20
21

Note

Cose da fare

18 LUNEDÌ	19 MARTEDÌ	20 MERCOLEDÌ	21 GIOVEDÌ
7	7	7	7
8	8	8	8
9	9	9	9
10	10	10	10
11	11	11	11
12	12	12	12
13	13	13	13
14	14	14	14
15	15	15	15
16	16	16	16
17	17	17	17
18	18	18	18
19	19	19	19
20	20	20	20
21	21	21	21

22 VENERDÌ

7
8
9
10
11
12
13
14
15
16
17
18
19
20
21

23 SABATO

7
8
9
10
11
12
13
14
15
16
17
18
19
20
21

24 DOMENICA

7
8
9
10
11
12
13
14
15
16
17
18
19
20
21

Note

Cose da fare

- ○
- ○
- ○
- ○
- ○
- ○
- ○
- ○
- ○
- ○
- ○
- ○
- ○
- ○

25 LUNEDÌ	26 MARTEDÌ	27 MERCOLEDÌ	28 GIOVEDÌ
7	7	7	7
8	8	8	8
9	9	9	9
10	10	10	10
11	11	11	11
12	12	12	12
13	13	13	13
14	14	14	14
15	15	15	15
16	16	16	16
17	17	17	17
18	18	18	18
19	19	19	19
20	20	20	20
21	21	21	21

29 VENERDÌ

7
8
9
10
11
12
13
14
15
16
17
18
19
20
21

30 SABATO

7
8
9
10
11
12
13
14
15
16
17
18
19
20
21

31 DOMENICA

7
8
9
10
11
12
13
14
15
16
17
18
19
20
21

Note

Cose da fare

1 LUNEDÌ	2 MARTEDÌ	3 MERCOLEDÌ	4 GIOVEDÌ
7	7	7	7
8	8	8	8
9	9	9	9
10	10	10	10
11	11	11	11
12	12	12	12
13	13	13	13
14	14	14	14
15	15	15	15
16	16	16	16
17	17	17	17
18	18	18	18
19	19	19	19
20	20	20	20
21	21	21	21

NOVEMBRE 2021

Set. 44

5 VENERDÌ

6 SABATO

7 DOMENICA

5 VENERDÌ	6 SABATO	7 DOMENICA
7	7	7
8	8	8
9	9	9
10	10	10
11	11	11
12	12	12
13	13	13
14	14	14
15	15	15
16	16	16
17	17	17
18	18	18
19	19	19
20	20	20
21	21	21

Note

Cose da fare

- ○
- ○
- ○
- ○
- ○
- ○
- ○
- ○
- ○
- ○
- ○
- ○
- ○
- ○

8 LUNEDÌ	9 MARTEDÌ	10 MERCOLEDÌ	11 GIOVEDÌ
7	7	7	7
8	8	8	8
9	9	9	9
10	10	10	10
11	11	11	11
12	12	12	12
13	13	13	13
14	14	14	14
15	15	15	15
16	16	16	16
17	17	17	17
18	18	18	18
19	19	19	19
20	20	20	20
21	21	21	21

12 VENERDÌ

7
8
9
10
11
12
13
14
15
16
17
18
19
20
21

13 SABATO

7
8
9
10
11
12
13
14
15
16
17
18
19
20
21

14 DOMENICA

7
8
9
10
11
12
13
14
15
16
17
18
19
20
21

Note

Cose da fare

15 LUNEDÌ

7
8
9
10
11
12
13
14
15
16
17
18
19
20
21

16 MARTEDÌ

7
8
9
10
11
12
13
14
15
16
17
18
19
20
21

17 MERCOLEDÌ

7
8
9
10
11
12
13
14
15
16
17
18
19
20
21

18 GIOVEDÌ

7
8
9
10
11
12
13
14
15
16
17
18
19
20
21

NOVEMBRE 2021
Set. 46

19 VENERDÌ

7
8
9
10
11
12
13
14
15
16
17
18
19
20
21

20 SABATO

7
8
9
10
11
12
13
14
15
16
17
18
19
20
21

21 DOMENICA

7
8
9
10
11
12
13
14
15
16
17
18
19
20
21

Note

Cose da fare

22 LUNEDÌ	23 MARTEDÌ	24 MERCOLEDÌ	25 GIOVEDÌ
7	7	7	7
8	8	8	8
9	9	9	9
10	10	10	10
11	11	11	11
12	12	12	12
13	13	13	13
14	14	14	14
15	15	15	15
16	16	16	16
17	17	17	17
18	18	18	18
19	19	19	19
20	20	20	20
21	21	21	21

26 VENERDÌ

7
8
9
10
11
12
13
14
15
16
17
18
19
20
21

27 SABATO

7
8
9
10
11
12
13
14
15
16
17
18
19
20
21

28 DOMENICA

7
8
9
10
11
12
13
14
15
16
17
18
19
20
21

Note

Cose da fare

29 LUNEDÌ	30 MARTEDÌ	1 MERCOLEDÌ	2 GIOVEDÌ
7	7	7	7
8	8	8	8
9	9	9	9
10	10	10	10
11	11	11	11
12	12	12	12
13	13	13	13
14	14	14	14
15	15	15	15
16	16	16	16
17	17	17	17
18	18	18	18
19	19	19	19
20	20	20	20
21	21	21	21

DICEMBRE 2021

Set. 48

3 VENERDÌ

7
8
9
10
11
12
13
14
15
16
17
18
19
20
21

4 SABATO

7
8
9
10
11
12
13
14
15
16
17
18
19
20
21

5 DOMENICA

7
8
9
10
11
12
13
14
15
16
17
18
19
20
21

Note

Cose da fare

- ○
- ○
- ○
- ○
- ○
- ○
- ○
- ○
- ○
- ○
- ○
- ○
- ○
- ○

6 LUNEDÌ	7 MARTEDÌ	8 MERCOLEDÌ	9 GIOVEDÌ
7	7	7	7
8	8	8	8
9	9	9	9
10	10	10	10
11	11	11	11
12	12	12	12
13	13	13	13
14	14	14	14
15	15	15	15
16	16	16	16
17	17	17	17
18	18	18	18
19	19	19	19
20	20	20	20
21	21	21	21

DICEMBRE 2021

Set. 49

10 VENERDÌ

7

8

9

10

11

12

13

14

15

16

17

18

19

20

21

11 SABATO

7

8

9

10

11

12

13

14

15

16

17

18

19

20

21

12 DOMENICA

7

8

9

10

11

12

13

14

15

16

17

18

19

20

21

Note

Cose da fare

- ○
- ○
- ○
- ○
- ○
- ○
- ○
- ○
- ○
- ○
- ○
- ○
- ○
- ○

13 LUNEDÌ	14 MARTEDÌ	15 MERCOLEDÌ	16 GIOVEDÌ
7	7	7	7
8	8	8	8
9	9	9	9
10	10	10	10
11	11	11	11
12	12	12	12
13	13	13	13
14	14	14	14
15	15	15	15
16	16	16	16
17	17	17	17
18	18	18	18
19	19	19	19
20	20	20	20
21	21	21	21

DICEMBRE **2021**

Set. 50

17 VENERDÌ

7
8
9
10
11
12
13
14
15
16
17
18
19
20
21

18 SABATO

7
8
9
10
11
12
13
14
15
16
17
18
19
20
21

19 DOMENICA

7
8
9
10
11
12
13
14
15
16
17
18
19
20
21

Note

Cose da fare

- ○
- ○
- ○
- ○
- ○
- ○
- ○
- ○
- ○
- ○
- ○
- ○
- ○
- ○

20 LUNEDÌ	21 MARTEDÌ	22 MERCOLEDÌ	23 GIOVEDÌ
7	7	7	7
8	8	8	8
9	9	9	9
10	10	10	10
11	11	11	11
12	12	12	12
13	13	13	13
14	14	14	14
15	15	15	15
16	16	16	16
17	17	17	17
18	18	18	18
19	19	19	19
20	20	20	20
21	21	21	21

24 VENERDÌ

7

8

9

10

11

12

13

14

15

16

17

18

19

20

21

25 SABATO

7

8

9

10

11

12

13

14

15

16

17

18

19

20

21

26 DOMENICA

7

8

9

10

11

12

13

14

15

16

17

18

19

20

21

Note

Cose da fare

27 LUNEDÌ

7

8

9

10

11

12

13

14

15

16

17

18

19

20

21

28 MARTEDÌ

7

8

9

10

11

12

13

14

15

16

17

18

19

20

21

29 MERCOLEDÌ

7

8

9

10

11

12

13

14

15

16

17

18

19

20

21

30 GIOVEDÌ

7

8

9

10

11

12

13

14

15

16

17

18

19

20

21

31 VENERDÌ	1 SABATO	2 DOMENICA
7	7	7
8	8	8
9	9	9
10	10	10
11	11	11
12	12	12
13	13	13
14	14	14
15	15	15
16	16	16
17	17	17
18	18	18
19	19	19
20	20	20
21	21	21

Note

Cose da fare

- ○
- ○
- ○
- ○
- ○
- ○
- ○
- ○
- ○
- ○
- ○
- ○
- ○
- ○

LUNEDÌ	MARTEDÌ	MERCOLEDÌ	GIOVEDÌ
29	30	1	2
6	7	8	9
13	14	15	16
20	21	22	23
27	28	29	30

LUGLIO **2020**

VENERDÌ	SABATO	DOMENICA
3	4	5
10	11	12
17	18	19
24	25	26
31	1	2

LUNEDÌ	MARTEDÌ	MERCOLEDÌ	GIOVEDÌ
27	28	29	30
3	4	5	6
10	11	12	13
17	18	19	20
24 / 31	25	26	27

AGOSTO 2020

VENERDÌ	SABATO	DOMENICA
31	1	2
7	8	9
14	15	16
21	22	23
28	29	30

LUNEDÌ	MARTEDÌ	MERCOLEDÌ	GIOVEDÌ
31	1	2	3
7	8	9	10
14	15	16	17
21	22	23	24
28	29	30	1

SETTEMBRE 2020

VENERDÌ	SABATO	DOMENICA
4	5	6
11	12	13
18	19	20
25	26	27
2	3	4

LUNEDÌ	MARTEDÌ	MERCOLEDÌ	GIOVEDÌ
28	29	30	1
5	6	7	8
12	13	14	15
19	20	21	22
26	27	28	29

OTTOBRE 2020

VENERDÌ	SABATO	DOMENICA
2	3	4
9	10	11
16	17	18
23	24	25
30	31	1

LUNEDÌ	MARTEDÌ	MERCOLEDÌ	GIOVEDÌ
26	27	28	29
2	3	4	5
9	10	11	12
16	17	18	19
23 / 30	24	25	26

NOVEMBRE **2020**

VENERDÌ	SABATO	DOMENICA
30	31	1
6	7	8
13	14	15
20	21	22
27	28	29

LUNEDÌ	MARTEDÌ	MERCOLEDÌ	GIOVEDÌ
30	1	2	3
7	8	9	10
14	15	16	17
21	22	23	24
28	29	30	31

DICEMBRE 2020

VENERDÌ	SABATO	DOMENICA
4	5	6
11	12	13
18	19	20
25	26	27
1	2	3

LUNEDÌ	MARTEDÌ	MERCOLEDÌ	GIOVEDÌ
28	29	30	31
4	5	6	7
11	12	13	14
18	19	20	21
25	26	27	28

GENNAIO 2021

VENERDÌ	SABATO	DOMENICA
1	2	3
8	9	10
15	16	17
22	23	24
29	30	31

LUNEDÌ	MARTEDÌ	MERCOLEDÌ	GIOVEDÌ
1	2	3	4
8	9	10	11
15	16	17	18
22	23	24	25
1	2	3	4

FEBBRAIO 2021

VENERDÌ	SABATO	DOMENICA
5	6	7
12	13	14
19	20	21
26	27	28
5	6	7

LUNEDÌ	MARTEDÌ	MERCOLEDÌ	GIOVEDÌ
1	2	3	4
8	9	10	11
15	16	17	18
22	23	24	25
29	30	31	1

MARZO 2021

VENERDÌ	SABATO	DOMENICA
5	6	7
12	13	14
19	20	21
26	27	28
2	3	4

LUNEDÌ	MARTEDÌ	MERCOLEDÌ	GIOVEDÌ
29	30	31	1
5	6	7	8
12	13	14	15
19	20	21	22
26	27	28	29

APRILE 2021

VENERDÌ	SABATO	DOMENICA
2	3	4
9	10	11
16	17	18
23	24	25
30	1	2

LUNEDÌ	MARTEDÌ	MERCOLEDÌ	GIOVEDÌ
26	27	28	29
3	4	5	6
10	11	12	13
17	18	19	20
24 / 31	25	26	27

MAGGIO **2021**

VENERDÌ	SABATO	DOMENICA
30	1	2
7	8	9
14	15	16
21	22	23
28	29	30

LUNEDÌ	MARTEDÌ	MERCOLEDÌ	GIOVEDÌ
31	1	2	3
7	8	9	10
14	15	16	17
21	22	23	24
28	29	30	1

GIUGNO 2021

VENERDÌ	SABATO	DOMENICA
4	5	6
11	12	13
18	19	20
25	26	27
2	3	4

LUNEDÌ	MARTEDÌ	MERCOLEDÌ	GIOVEDÌ
28	29	30	1
5	6	7	8
12	13	14	15
19	20	21	22
26	27	28	29

LUGLIO **2021**

VENERDÌ	SABATO	DOMENICA
2	3	4
9	10	11
16	17	18
23	24	25
30	31	

LUNEDÌ	MARTEDÌ	MERCOLEDÌ	GIOVEDÌ
26	27	28	29
2	3	4	5
9	10	11	12
16	17	18	19
23 / 30	24 / 31	25	26

AGOSTO 2021

VENERDÌ	SABATO	DOMENICA
30	31	1
6	7	8
13	14	15
20	21	22
27	28	29

LUNEDÌ	MARTEDÌ	MERCOLEDÌ	GIOVEDÌ
30	31	1	2
6	7	8	9
13	14	15	16
20	21	22	23
27	28	29	30

SETTEMBRE 2021

VENERDÌ	SABATO	DOMENICA
3	4	5
10	11	12
17	18	19
24	25	26
1	2	3

LUNEDÌ	MARTEDÌ	MERCOLEDÌ	GIOVEDÌ
27	28	29	30
4	5	6	7
11	12	13	14
18	19	20	21
25	26	27	28

OTTOBRE 2021

VENERDÌ	SABATO	DOMENICA
1	2	3
8	9	10
15	16	17
22	23	24
29	30	31

LUNEDÌ	MARTEDÌ	MERCOLEDÌ	GIOVEDÌ
1	2	3	4
8	9	10	11
15	16	17	18
22	23	24	25
29	30	1	2

NOVEMBRE 2021

VENERDÌ	SABATO	DOMENICA
5	6	7
12	13	14
19	20	21
26	27	28
3	4	5

LUNEDÌ	MARTEDÌ	MERCOLEDÌ	GIOVEDÌ
29	30	1	2
6	7	8	9
13	14	15	16
20	21	22	23
27	28	29	30

DICEMBRE 2021

VENERDÌ	SABATO	DOMENICA
3	4	5
10	11	12
17	18	19
24	25	26
31	1	2

	LUN	MAR	MER	GIO	VEN	SAB	DOM

ORARIO SETTIMANALE

	LUN	MAR	MER	GIO	VEN	SAB	DOM

NOTE

NOTE

NOTE

NOTE

@

@

@

@

@

@

@

@

@

@

@

@

@

@

@

@

RUBRICA

@

@

@

@

@

@

@

@

@

@

@

@

@

@

@

@

RUBRICA

GIORNI FESTIVI

	2020	2021
Capodanno	Mercoledì 1 gennaio	Venerdì 1 gennaio
Epifania	Lunedi 6 gennaio	Mercoledì 6 gennaio
Pasqua e Pasquetta	Domenica 12 e lunedì 13 aprile	Domenica 4 e lunedì 5 aprile
Festa della Liberazione	Sabato 25 aprile	Domenica 25 aprile
Festa del Lavoro	Venerdì 1 maggio	Sabato 1 maggio
Festa della Repubblica	Martedì 2 giugno	Mercoledì 2 giugno
Ferragosto	Sabato 15 agosto	Domenica 15 agosto
Tutti i Santi	Domenica 1 novembre	Lunedì 1 novembre
Immacolata Concezione	Martedì 8 dicembre	Mercoledì 8 dicembre
Natale	Venerdì 25 dicembre	Sabato 25 dicembre
Santo Stefano	Sabato 26 dicembre	Domenica 26 dicembre

www.ingramcontent.com/pod-product-compliance
Lightning Source LLC
LaVergne TN
LVHW080850240726
843527LV00052B/297